1959 Unser Jahrgang

KINDHEIT
IN DER DDR

Unser Jahrgang 1959

BILD
UND
HEIMAT

Einleitung 1959

Der Zukunft entgegen

Wir werden im Jahr 1959 geboren! Wahrlich ein Grund zum Feiern, aber auch zum Zurückblicken auf Geleistetes und Erlebtes. Wir werden in ein geteiltes Deutschland hineingeboren. Die harten Nachkriegsjahre sind vorüber, die Trümmer sind weitgehend aus den Städten verschwunden und wachsender Wohlstand macht sich nach und nach breit. Unsere Eltern haben mit ihrem Lebenswillen und ihren Verdiensten maßgeblich dazu beigetragen. Sie arbeiten zwar viel und hart, doch lassen sie es sich nicht nehmen, auch wieder hin und wieder ausgiebig zu feiern. Mit uns in den Urlaub zu fahren ist für sie ein großes Privileg.

Dass sich Deutschland mitten im Kalten Krieg befindet, bekommen nur unsere Eltern zu spüren. Wir verleben eine sorglose und unbeschwerte Kindheit in der DDR. Als die deutsch-deutsche Mauer gebaut wird, sind wir erst zwei Jahre alt. Das liegt eine Ewigkeit zurück. Sagenhaft, was in den letzten Jahrzehnten aus Deutschland und uns geworden ist. Wir sind Zeugen bedeutender politischer und gesellschaftlicher Ereignisse und blicken auf bewegte Jahrzehnte zurück. Grund genug, um sich zurückzuerinnern an gute wie an schlechte Zeiten und eine stolze Bilanz zu ziehen. Wir haben schließlich einiges erreicht!

Weltgeschehen
1959

Wichtige Ereignisse
1959

In unserem Geburtsjahr werden wichtige Entscheidungen in den beiden deutschen Staaten getroffen. Zwischen den Weltmächten USA und Sowjetunion kommt es zu Annäherungen. Mancherorts tritt Entspannung ein, an anderer Stelle spitzen sich politische und gesellschaftliche Konflikte zu. Während sich die Lage auf Zypern entschärft, nehmen die Unruhen im Süden Afrikas zu. Einige Veränderungen haben direkten Einfluss auf unseren Alltag, ja sogar auf unsere Zukunft. Ein Überblick über die wichtigsten Ereignisse unseres Geburtsjahres:

16.02.
Fidel Castro wird Regierungschef in Kuba.

24.04.
1. Bitterfelder Konferenz: Unter dem Motto »Greif zur Feder Kumpel! Die sozialistische Nationalkultur braucht dich!« geht der »Bitterfelder Weg« hervor, der Werktätigen einen aktiven Zugang zu Kunst und Kultur ermöglichen soll.

30.04.
Das Gaskombinat Schwarze Pumpe bei Spremberg produziert die ersten Briketts.

11.05.–20.06. und 13.07.–05.08.
Die USA, die Sowjetunion, Großbritannien und Frankreich treffen sich zur Genfer Außenministerkonferenz.

13.09.
Heinrich Lübke wird Bundespräsident.

Politik
1959

Unser Geburtsjahr steht im Zeichen der Annäherung. Zu Jahresbeginn erlässt die Sowjetunion der DDR die Kosten für die sowjetische Truppenstationierung in der Deutschen Demokratischen Republik. Zehn Tage später wird für Deutschland ein von der UdSSR entwickelter Entwurf über einen Friedensvertrag veröffentlicht. Walter Ulbricht wiederholt zudem den Vorschlag der DDR-Regierung über eine Konföderation mit der BRD.

Am 1. Oktober verabschiedet die Volkskammer ein neues Gesetz über die Staatsflagge der DDR. So sollen Hammer, Zirkel, Ährenkranz künftig inmitten der Farben Schwarz-Rot-Gold dargestellt werden, um sich von der der Flagge der Bundesrepublik abzugrenzen. Das Wappen steht für das Bündnis von Arbeitern, Bauern und Intelligenz.

Während in der BRD die SPD am 18. März den sogenannten Deutschlandplan veröffentlicht, der sich mit der deutschen Wiedervereinigung befasst und eine atomfreie und entmilitarisierte Entspannungszone in Mitteleuropa vorsieht, unterbreitet Otto Grotewohl Bundeskanzler Konrad Adenauer am 8. April einen Vorschlag für Vorverhandlungen eines deutsch-deutschen Friedensvertrags.

Am 19. März 1958 revidiert Nikita Chruschtschow sein gestelltes Berlin-Ultimatum und erkennt die Berlin-Rechte der ehemaligen westlichen Besatzungsmächte an. Im September

Nikita Chruschtschow (m.) und Richard Nixon (r.) am 24. Juli 1959 auf der amerikanischen Ausstellung in Moskau, die im Rahmen eines Kulturaustauschprogramms stattfindet.

besucht er als erster sowjetischer Regierungschef die USA und tritt nach Begrüßung durch den US-Präsidenten Dwight D. Eisenhower eine zweiwöchige Rundreise durch das Land an. Dem vorausgegangen war im Juli dieses Jahres ein Aufenthalt des US-Vizepräsidenten Richard Nixon in der UdSSR, bei dem Nixon die amerikanische Nationalausstellung eröffnet hat (ein sowjetisches Gegenstück dazu hat im Juni in New York stattgefunden). Während dieses Moskau-Besuchs kommt es zwischen Nixon und Chruschtschow zu dem berühmt gewordenen Streitgespräch über Vor- und Nachteile des Kommunismus und Kapitalismus in einer amerikanischen Musterküche. Man trifft die Vereinbarung, dass die »Küchendebatte« im amerikanischen Fernsehen ausgestrahlt werden darf. Auch eine Rede Nixons wird im sowjetischen TV gesendet.

Chronologischer
Überblick
1959

Ereignisse in der DDR
1959

Politisch und gesellschaftlich wird in unserem Geburtsjahr so manches neu strukturiert. Einige dieser Neuordnungen werden unmittelbar Auswirkungen auf unser noch junges Leben haben. Wirtschaftlich versucht die DDR im zehnten Jahr ihres Bestehens, mit den Entwicklungen in der BRD Schritt zu halten, ja sie sogar zu übertrumpfen. Unsere Eltern und alle anderen Bürger spucken in die Hände und kämpfen für die sozialistische Planerfüllung. Und uns soll es beim Heranwachsen auch an nichts fehlen. Gespannt verfolgen unsere Eltern die Geschehnisse dieses Jahres.

JANUAR

03.01.
Im zehnten Jahr seit Gründung der DDR lobt die DDR-Regierung den Wettbewerb um den Titel »Brigade der sozialistischen Arbeit« (ab 1962 »Kollektiv der sozialistischen Arbeit«) aus, um jährlich Brigaden und Kollektive auszuzeichnen, die sich gemäß dem Motto »Sozialistisch arbeiten, lernen und leben« um den Sozialismus verdient machen.
Als erstes Arbeitskollektiv tritt die Jugendkomplexbrigade »Nikolai Mamai« des Elektrochemischen Kombinats Bitterfeld an.

05.01.
In Dresden wird die Militärakademie »Friedrich Engels« gegründet.

15.–17.01.
Auf der 4. Tagung des Zentralkomitees der SED werden die Umgestaltung des Schulwesens und die Einführung der zehnklassigen Polytechnischen Oberschule beschlossen.

23.01.
Walter Ulbricht erneuert seinen Vorschlag über eine Konföderation mit der BRD.

27.01.
Bei einem Besuch in China trifft Otto Grotewohl mit Staats- und Parteichef Mao Zedong zusammen.

MÄRZ

04.–12.03.
Besuch einer sowjetischen Delegation unter Leitung von **Nikita Chruschtschow** in der DDR. Der sowjetische Ministerpräsident erklärt, dass die Sowjetunion auch dann einen Friedensvertrag abschließen werde, wenn ihn die BRD nicht unterzeichne.

APRIL

08.04.
Grotewohl unterbreitet Adenauer einen Vorschlag für Vorverhandlungen eines Friedensvertrages.

15.04.
Fünf Studenten, die zur Widerstandsgruppe »Nationalkommunistischer Studentenbund« gehören und etwa Meinungs- und Reisefreiheit anstreben, werden im Dresdner Studentenprozess zu langjährigen Zuchthausstrafen verurteilt.

MAI

26.05.
Im Treptower Park in Berlin eröffnet das erste Zeiss-Kleinplanetarium.

Chruschtschow (2. v. l.), der Ministerpräsident der DDR, Otto Grotewohl (im Schatten) und der Erste Sekretär der SED, Walter Ulbricht (2. v. r.), während eines Rundgangs auf der Leipziger Frühjahrsmesse am 5. März 1959.

JUNI

03.06.

Die Volkskammer beschließt das Gesetz über die Landwirtschaftlichen Produktionsgenossenschaften (LPG). Beginn der endgültigen Kollektivierung der Landwirtschaft

13.–21.06.

1. Arbeiterfestspiele der DDR in Halle

AUGUST

24.08.

Gründung der ersten Kulturakademie der DDR in Magdeburg

SEPTEMBER

12.09.

Im ehemaligen KZ Ravensbrück eröffnet eine Mahn- und Gedenkstätte.

Am Einweihungstag legen Mitglieder der FDJ Blumensträuße vor der Skulptur »Frauengruppe« von Will Lammert nieder.

OKTOBER

01.10.

Die Volkskammer bricht den Fünfjahresplan ab und beschließt einen Siebenjahresplan zur Entwicklung der Volkswirtschaft.

DEZEMBER

13.12.

Der Kreis Eilenburg nordöstlich von Leipzig ist der erste Kreis, dessen Landwirte ausschließlich in LPGs organisiert sind.

18.12.

Die Sowjetunion, Polen und die DDR unterzeichnen ein Abkommen über den Bau einer Erdölleitung von Weißrussland in die DDR.

Ereignisse in der BRD
Weltgeschehen 1959

In unserem Geburtsjahr blickt die Welt besonders auf Kuba und die dort agierenden revolutionären Kräfte. Aber auch in ehemaligen britischen und französischen Kolonien in Afrika kommt es zu Unruhen, die sich bis nach Europa auswirken. Während sich die Weltmächte USA und UdSSR um einen konstruktiven Dialog bemühen, feiern beide deutsche Staaten ihr zehnjähriges Bestehen. In Europa tritt zudem der gemeinsame Markt in Kraft. Die Außenminister der sechs EWG-Mitgliedsstaaten Belgien, Frankreich, Italien, Luxemburg, Niederlande und BRD treffen sich zu einer Arbeitskonferenz in Bonn.

JANUAR

02.01.
Die Revolutionsführer Ernesto »Che« Guevara und Camilo Cienfuegos rücken mit ihrer »Bewegung des 26. Juli« in die kubanische Hauptstadt Havanna ein. Fidel Castro folgt am 8. Januar.

Die sowjetische Sonde Lunik 1 startet zum Mond. Sie ist die erste Raumsonde, die das Schwerefeld der Erde überwindet.

03.01.
Alaska wird der 49. Bundesstaat der USA.

05.01.
Die Bundesregierung lehnt den sowjetischen Vorschlag ab, eine Freie Stadt Westberlin zu bilden und die DDR anzuerkennen.

08.01.
Charles de Gaulle wird Staatspräsident Frankreichs. Trotz Zugeständnissen kann er den Algerien-Krieg nicht beenden.

20.01.
Erstflug der britischen Vickers Vanguard. Sie ist das letzte große europäische Passagierflugzeug mit Propellerantrieb.

FEBRUAR

03.02.
Ritchie Valens, **Buddy Holly** und The Big Bopper sterben bei einem Flugzeugabsturz.

06.02.
Die deutsche Luftwaffe bestellt 300 US-Jagdflugzeuge des Typs Starfighter. Im Laufe der nächsten Jahre stürzen davon 260 Maschinen ab. 110 Piloten kommen dabei ums Leben.

13.02.
Fidel Castro übernimmt das Amt des Ministerpräsidenten auf Kuba.

MÄRZ

17.03.
Der 14. Dalai Lama flieht aus Tibet ins indische Exil.

APRIL

08.04.
Adenauer gibt seine Kandidatur als Bundespräsident bekannt, um einen Monat später eine Verzichtserklärung darauf auszusprechen.

MAI

11.05.
Bei einer Außenministerkonferenz der USA, Großbritanniens, Frankreichs und der UdSSR soll über die Deutschland- und Berlin-Frage gesprochen werden. Die BRD und die DDR sind als Beobachter in Genf.

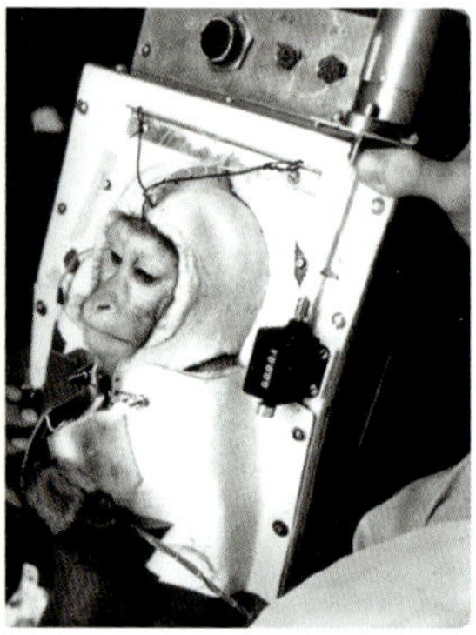

28. Mai
Erstmals überleben Primaten einen Raumflug. Das Totenkopfäffchen Miss Baker und der **Rhesusaffe Able** werden in einem suborbitalen Flug mit einer Jupiter-Rakete von Kap Canaveral in eine Höhe von etwa 500 Kilometer befördert. Zwar überstehen beide den Flug mit wenigen Blessuren von ihren Helmchen, doch verstirbt Able einige Tage später an einer Verletzung, die bei der Entfernung der Elektrode passiert ist.

JUNI

18.06.
Theodor Heuss übernimmt das Berliner Schloss Bellevue als zweiten Amtssitz des Bundespräsidenten.

JULI

06.07.
Das Saarland wird offiziell zehntes Bundesland der BRD.

11.07.
Abkommen zwischen der Bundesrepublik Deutschland und Luxemburg über Reparationszahlungen aus dem Zweiten Weltkrieg

20./21.07.
Dänemark, Norwegen, Österreich, Portugal, Schweden, Schweiz und das Vereinigte Königreich beschließen die Errichtung einer europäischen Freihandelszone.

31.07.
Baskische Studenten gründen die Widerstandsbewegung »Baskenland und Freiheit« (ETA) gegen die Franco-Diktatur in Spanien.

AUGUST

21.08.
Hawaii wird 50. Bundesstaat der USA.

26./27.08.
Als erster US-amerikanischer Präsident besucht Eisenhower die BRD.

SEPTEMBER

12.09.
Die Sowjetunion startet die Lunik 2. Es ist die erste Mondsonde, die gezielt auf dem Mond aufschlägt.

OKTOBER

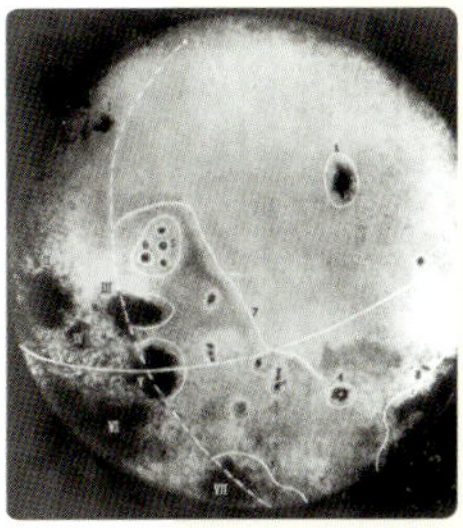

04.10.
Start der Raumsonde Lunik 3, um erstmals die **erdabgewandte Mondseite** zu fotografieren

07.10.
Bei einem Attentat erleidet der irakische Ministerpräsident Abd al-Karim Qasim schwere Verletzungen.

NOVEMBER

20.11.
Die Generalversammlung der Vereinten Nationen verabschiedet die Deklaration über die Rechte des Kindes.

DEZEMBER

01.12.
Der Antarktis-Vertrag über die Wahrung des ökologischen Gleichgewichts wird unterzeichnet.

02.12.
In Südfrankreich stürzt die Staumauer Malpasset ein. Die Flutwelle reißt 421 Menschen in den Tod.

10.12.
Aufstand in Windhoek. Die südafrikanische Polizei erschießt bei einer Demonstration elf Menschen.

16.12.
Präsident Sukarno verlängert den Ausnahmezustand in Indonesien.

21.12. Der Schah von Persien, Mohammad Reza Pahlavi, heiratet die Kunststudentin Farah Diba.

Gesellschaft

1959

1958 beschloss die SED, die Zwangskollektivierung wieder voranzutreiben und bis 1965 abzuschließen. Weil im Mai des vergangenen Jahres auch die Lebensmittelkarten abgeschafft wurden, steigt der Bedarf an Nahrungsmitteln spürbar. Trotz aller Produktionssteigerungen kann dieser nicht gedeckt werden. Da für die Parteiführung nur die komplette Vergenossenschaftlichung als Strategie in Frage kommt, verabschiedet die Volkskammer am 3. Juni das Gesetz über Landwirtschaftliche Produktionsgenossenschaften (LPG). Damit beginnt die endgültige Kollektivierung der gesamten Landwirtschaft.

Der steigende Druck auf Einzelbauern, sich LPGs anzuschließen, löst – zusammen mit Repressionen gegen die Kirche – eine Fluchtwelle in den Westen aus. Zwar erreicht sie 1959 mit 144 000 »Republikflüchtigen« ein Tief, doch werden es im Folgejahr sogar 200 000 sein. In der DDR fehlen Bauern, Handwerker, Lehrer und Ärzte, was schließlich wieder zu sinkenden landwirtschaftlichen Erträgen führt.

Schweinzucht in einer LPG Anfang der 1960er Jahre. Ende 1959 sind 45,1 Prozent der landwirtschaftlichen Fläche kollektiviert, ein Jahr später werden es bereits über 80 Prozent sein.

Alltag
1959

Venag-Kaffee-Ersatz-Mischung, Wurzener Albert-Keks, Dresdner Salz-Staketen, Neukircher Toast-Biscuit, Wittol-Sigella-Bohnerwachs, Fewa-Waschmittel, Diplom Luxus-Seife etc. – ostdeutsche Produktpalette in einer Werbung aus dem Jahr 1959

Weil ein Jahr zuvor die Lebensmittelmarken abgeschafft wurden, sind Nahrungsmittel nun endlich wieder frei verkäuflich. Tägliche Einkäufe werden in der Kaufhalle, im HO-Laden oder im Dorfkonsum erledigt. Durch die vollständige Abschaffung des Markensystems schießen zunächst die Preise für die bisher markenpflichtigen Produkte in die Höhe. Viele Menschen müssen für Lebensmittel fast die Hälfte ihres Einkommens ausgeben. Außerdem wird das Schlangestehen wegen Versorgungslücken und Engpässen für unsere Eltern zur Routine. Glück haben jene, die einen Garten haben und sich teilweise selbst versorgen können oder von der Westverwandtschaft mit »Westpaketen« versorgt werden. Oft wird der Inhalt – an Lebensmitteln vor allem Kaffee und Schokolade – nicht selbst verbraucht, sondern als Tauschware eingesetzt.

Haushaltswarengeschäft in Leipzig (um 1960)

Auch wenn es nicht immer alles zu erwerben gibt, was das Herz begehrt, bleiben die Preise bei vielen Waren über Jahre stabil. Aufgrund staatlicher Subventionen gibt es festgelegte, niedrige Verkaufspreise für Grundnahrungsmittel, Mieten, Energie, Fahrkarten und Zeitungen. So kostet die Bockwurst immer 80 Pfennig und ein Brötchen 5 Pfennig – bis zum Ende der DDR. »Luxusartikel« wie Fernseher und Waschmaschinen sind hingegen kaum erschwinglich. Trotz aller Entbehrungen geht es uns gut. Für alle gibt es genug zu essen und Kleidung. Die schweren Nachkriegsjahre verblassen in den Köpfen unserer Eltern. Der Aufbau geht weiter voran, neue Wohnhäuser und Geschäfte entstehen und die Menschen gehen wieder ins Kino oder ins Theater. In den darauffolgenden Jahren steigen zudem die Löhne und Renten.

Ostpakete

Vor allem nach dem Bau der Mauer im Jahr 1961 nehmen die Westpakete zu. Im Gegenzug gibt es Ostpakete, die besonders zu Weihnachten aus der DDR in Richtung Westdeutschland gehen. Oftmals enthalten sie die berühmten Dresdner Christstollen.

Beliebteste Namen
1959

Sabine	1.	Michael
Petra	2.	Thomas
Gabriele	3.	Andreas
Birgit	4.	Peter
Susanne	5.	Klaus / Claus

Martina	6.	Hans
Andrea	7.	Uwe
Karin	8.	Wolfgang
Ute	9.	Frank
Angelika	10.	Jürgen

Mode
1959

Die Neuheiten der DDR-Sommerkollektion 1959 sind einteilige Badeanzüge mit tiefen Rücken-Dekolletés, Luftanzüge und Blousonjäckchen kombiniert mit gleichlangen Capes – freilich sind diese Modelle aus dem Atelier Heinz Bormann eher für den Export oder ausgewählte Kreise in Berlin oder Leipzig gedacht.

Das Institut für Bekleidungsindustrie (später Modeinstitut der DDR) arbeitet seit 1952 daran, gute und schicke Kleidung zu entwickeln in der Hoffnung, dass »die sozialistische Gesellschaft sich über eine gemeinsame Modeentwicklung verständigen« würde. Doch mit dem Siebenjahresplan ist es nicht immer einfach, zeitgemäß auf internationale Trends zu reagieren. Für die DDR-Konfektion zählen vor allem Menge und Planvorgaben. Weil hochwertige Textilien, Stoffe, Wolle und Garne immer wieder knapp sind, erobern zunehmend Chemiefasern wie Lederol und Dederon den DDR-Modemarkt.

Modezar Heinz Bormann entwirft in diesem Jahr in seinem Atelier in Magdeburg exklusive Cocktailkleider und Abendmäntel in Trapezform, aber auch Sportmodelle, Kleider und Kostüme in Serienfabrikation. Die durchschnittliche Frau kleidet sich gern in Hemdblusenkleider, weite Röcke und schlichte Blusen. Die hüftlange Bluse mit Gürtelbund gibt es in zahlreichen Ausführungen.

Herren tragen am liebsten Sakkoanzüge – leicht tailliert und mit drei Knöpfen versehen. Mäntel sind bequem und überweit. Im Winter sind die Popelinemäntel mit einknöpfbarem Pelzfutter angesagt.

DDR-SELBST-NÄHKULTUR

Wer modisch gekleidet sein will, schneidert am besten selbst. Eine Nähmaschine gehört in fast jeden DDR-Haushalt. Wer selbst nicht nähen kann, geht auf die Suche im Bekanntenkreis. Besondere Stoffe sind heißbegehrt. Meist wird auch im Urlaub nach schönen Textilien gesucht, wie zum Beispiel in Prag oder Warschau. Auch Stricken, Häkeln und Umfärben stehen hoch im Kurs. Einige Frauen sind ganz besonders kreativ. So werden aus Bettlaken Blusen, Röcke oder Hemden geschneidert, Stoffwindeln zu leichten Sommerblusen und Großmutters bestickte Leinenunterwäsche zu Sommerkleidern umgenäht. Möbelbezugsstoffe und Lederabfälle sind beliebt, um daraus Jacken oder Röcke herzustellen, aus Bast werden Taschen gehäkelt. Sogar Scheuerlappen finden als Innenfutter von Jacken eine neue Bestimmung. Auch bei der Herstellung von Accessoires ist Frau erfinderisch und bastelt Ketten aus Apfelkernen, aus Kupferdraht Ohrringe oder feilt aus Metallabfällen Broschen. Die Knetmasse Suralin ist zudem der Grundstoff für eine Reihe von Schmuckstücken. Schon in der Schule wird Handarbeit gelehrt und die FDJ bietet Nähkurse an.

Die seit 1956 sechs Mal im Jahr erscheinende Modezeitschrift **Sibylle** ist vor allem wegen der Schnittmuster immer schnell vergriffen. Sie werden weitergegeben, bis sie auseinanderfallen.

Frisuren 1959

Das Haar, meist kinnlang, wird zu kunstvollen Frisuren gelegt. Um den modischen Vorbildern gerecht zu werden, wird toupiert, blondiert und geföhnt. Frau trägt am liebsten kurze, feminine und vor allem blonde Locken à la **Marilyn Monroe**. Gleichzeitig macht das Modell Bettie Page den Pony salonfähig und findet viele Nachahmerinnen. Die Herren orientieren sich Ende der 1950er am klassischen Cary-Grant-Haarschnitt oder tragen Hut. Sind sie mutiger, tragen sie Koteletten und eine Haartolle à la Elvis Presley.

Schlager,
Stars und Sternchen
1959

Beliebte Schlager
1959

Bärbel Wachholz »Damals«

Freddy Quinn »Die Gitarre und das Meer«

Paul Anka »Lonely Boy«

Bill Ramsey »Souvenirs«

Peter Kraus »Sugar Baby«

Chris Howland »Das hab' ich in Paris gelernt «

Billy Vaughn »La Paloma«

Conny Froboess »Mister Music«

Louis Armstrong & Gabriele
»Onkel Satchmo's Lullaby«

Ralf Bendix »Trinidad«

Ted Herold »Hula Rock«

Neil Sedaka »Oh! Carol«

Amiga Express

1959

In der beliebten Reihe **»Amiga Express«** werden die aktuellen Spitzenschlager herausgegeben, so auch 1959. Auf der Schallplatte finden sich folgende Titel:

Peter Beil
»Die Primadonna«

Jenny Petra
»Oh, Michael«

Flamingos und Hemmann-Quintett
»Alles Glück dieser Welt«

Julia Axen, die Ping-Pongs und die Flamingos
»Papa, du bist so reizend«

Willy Hagara und die Starlets
»Mandolinen und Mondschein«

Bärbel Wachholz
»Weil ich jung bin«

Heidi Brühl
»Chico-Chico-Charlie«

Jenny Petra und die Flamingos
»So wunderschön«

Hartmut Eichler und Hemmann-Quintett
»Wenn«

Bärbel Wachholz
»Weil er ein Seemann war«

Jiri Popper
»Zwei blaue Luftballons«

Helga Brauer und die Bergols
»Junge Leute brauchen Liebe«

Jenny Petra, die Ping-Pongs und die Flamingos
»Tschau, tschau Bambina«

Robert Steffan
»Schwarze Maria«

Heidi Brühl
»Luna-Luna-Lu, lieber Mond«

Jenny Petra, die Ping-Pongs und die Flamingos
»Leb' wohl, André«

EINE SCHLAGERLEGENDE DES OSTENS

Mitte der 1950er Jahre erhält **Jenny Petra** (1934–2011) an der Hochschule für Musik Hanns Eisler in Ostberlin ihre Ausbildung. Weil die Tochter eines Orchestermusikers aus Berlin-Köpenick, die mit bürgerlichem Namen Edith Kraus heißt und ursprünglich Pianistin werden wollte, die erste Studentin für Schlagergesang an der Hochschule ist, muss sie eine Sondergenehmigung des Zentralkomitees der SED für ihr Studium einholen. Neben Helga Brauer und Bärbel Wachholz avanciert sie Ende der 1950er Jahre zu einer der bekanntesten Schlagersängerinnen der DDR. Im Jahr 1959 veröffentlicht sie nicht weniger als zehn Singles, darunter »So wunderschön«, »Ja, da kann man nichts dagegen tun« und »Oh, Michael« – Letztere inspiriert Tausende junge Eltern, ihrem Baby diesen Namen zu geben. 1962 übernimmt sie im DDR-Fernsehen eine Rolle als Schauspielerin und Sängerin im Musical *Was halten Sie von Musik?* (Regie: Wernfried Hübel). Als Jenny Petra 1963 Mutter wird, beendet sie ihre Karriere als Schlagersängerin und arbeitet bis 1994 als Gesangspädagogin.

Weitere Hits von Jenny Petra

- Am Tag, als der Regen kam (1959)
- Ich möchte dich so gern verwöhnen (mit Peter Wieland, 1960)
- Ein bisschen Seligkeit (1961)
- Rosen, Tulpen, Nelken (1962)
- So kam der Jonny zu mir (1962)

Beliebte Filme/Serien 1959

Am 27. März 1959 hat der deutsch-bulgarische Spielfilm ***Sterne*** (Regie: Konrad Wolf) im Berliner Kino *Babylon* Premiere. Die DEFA-Produktion gilt als erster deutscher Film, der sich mit der deutschen Verantwortung für den Holocaust auseinandersetzt, und als einer der hundert wichtigsten deutschen Filme überhaupt.

Am 20. August 1959 wird im Deutschen Fernsehfunk (DFF) die erste Folge der erfolgreichen Krimiserie **»Blaulicht«** ausgestrahlt. Alle Folgen (bis 1968 insgesamt 29) beruhen auf authentischen Kriminalfällen.

Die Kindersendung **»Die Flimmerstunde«** mit Professor Flimmrich läuft erstmals am 14. September im 1. Programm des DDR-Fernsehens und hat fortan ihren festen Sendeplatz (zunächst montags, später samstags).

Angelika Domröse

Am 8. Oktober feiert der DEFA-Film ***Verwirrung der Liebe*** (Regie: Slatan Dudow) mit Annekathrin Bürger, **Angelica Domröse** und Willi Schrade in den Hauptrollen Premiere.

Der mehrfach ausgezeichnete Antikriegsfilm ***Die Brücke*** (Regie: Bernhard Wicki), basierend auf dem autobiografischen Roman von Gregor Dorfmeister und mit Fritz Wepper, Volker Lechtenbrink und Günter Pfitzmann in der Besetzung, wird am 22. Oktober in München uraufgeführt. Fünf Jahre später kommt er auch in die DDR-Kinos.

Kleiner Mann mit Bart

Als sagenhafte Figur ist der Sandmann seit Jahrhunderten zum Beispiel in den Erzählungen von E. T. A. Hoffmann oder Hans Christian Andersen bekannt. Als animierte Trickfilmpuppe wird der kleine Mann mit weißem Bart am 22. November 1959 zum Leben erweckt: Die erste Folge von **»Unser Sandmännchen«** wird im DDR-Fernsehen ausgestrahlt. Nachdem der DFF von den Planungen eines West-Sandmännchens erfuhr, muss alles sehr schnell gehen. In nur zwei Wochen entwirft der Regisseur und Bühnenbildner Gerhard Behrendt einen Prototyp des DDR-Sandmännchens. Auch Kulissen und zahlreiche Fahrzeuge sowie ein Sandmännchen-Lied müssen her. »Unser Sandmännchen« mitsamt dem »Abendgruß« wird zum Zubett-geh-Ritual vieler Generationen. Noch heute streut er im Kinderprogramm seinen Schlafsand und schenkt den Kleinsten schöne Träume.

Film International 1959

Der US-amerikanische Monumentalfilm **Ben Hur** (Regie: William Wyler) mit Charlton Heston wird am 18. November in New York uraufgeführt. Er erhält elf Oscars und zählt zu den aufwendigsten Produktionen der Filmgeschichte.

Die US-Komödien ***Bettgeflüster*** (Regie: Michael Gordon) mit Doris Day und Rock Hudson und ***Manche mögen's heiß*** (Regie: Billy Wilder) mit Marilyn Monroe, Tony Curtis und Jack Lemmon kommen in die Kinos – heute Filmklassiker.

Das US-amerikanische Filmdrama ***Die Geschichte einer Nonne*** (Regie: Fred Zinnemann) mit Audrey Hepburn fesselt das Publikum.

Walt Disneys Zeichentrickfilm ***Dornröschen*** wird zum Kinohit.

Der US-Western ***Rio Bravo*** (Regie: Howard Hawks) mit John Wayne und Dean Martin kommt heraus und wird Filmgeschichte schreiben.

Literatur 1959

Den Nobelpreis für Literatur erhält 1959 der Italiener **Salvatore Quasimodo** für sein lyrisches Werk.

Am 23. Januar wird der Schriftsteller Erwin Strittmatter zum Mitglied der Deutschen **Akademie der Künste** in Berlin gewählt.

Erwin Strittmatter ist auch einer von 150 Schriftstellern, die im April an der 1. Bitterfelder Konferenz teilnehmen. Der Bitterfelder Weg soll nicht nur Arbeiter zum Schreiben ermutigen, sondern auch Autoren auffordern, in die Fabriken zu gehen.

Mit dem **Nationalpreis der DDR I. Klasse** für Kunst und Literatur wird **Anna Seghers** ausgezeichnet. Von 1952 bis 1978 ist die Schriftstellerin auch Präsidentin des Schriftstellerverbands der DDR.

Am 15. September werden die siebenbürgisch-sächsischen Schriftsteller Wolf von Aichelburg, Andreas Birkner, Hans Bergel, Georg Scherg, Harald Siegmund im sogenannten **Kronstädter Schriftstellerprozess** in Rumänien zu zusammen 95 Jahren Zwangsarbeit verurteilt, weil sie vermeintlich systemfeindliche Literatur in Umlauf gebracht hätten.

Neuerscheinungen 1959

Günter Grass:
Die Blechtrommel

William S. Burroughs:
Naked Lunch

Heinrich Böll:
Billard um halb zehn

Uwe Johnson:
Mutmaßungen über Jakob

Stanisław Lem: *Eden*

Anna Seghers: *Die Entscheidung*

Kunst 1959

Am 22. April wird erstmals der **Kunstpreis der DDR** verliehen. Im Bereich bildende Kunst erhält ihn der Maler Walter Womacka.

Das Dresdner Albertinum zeigt vom 14. Mai bis 12. Juli Werke des Malers **Rudolf Bergander**.

In Kassel findet vom 11. Juli bis 11. Oktober die internationale Ausstellung **documenta II –Kunst nach 1945** statt.

Anlässlich des zehnten Geburtstags der DDR wird vom 3. bis 15. Oktober in Ostberlin die **Ausstellung** »Mit unserem Leben verbunden« ausgerichtet. Sie zeigt in fast 500 Objekten Kunst der Gegenwart.

In New York eröffnet am 21. Oktober das **Guggenheim-Museum**.

Theater 1959

Vom 1. bis 8. Februar findet in Leipzig die **Felix-Mendelssohn-Bartholdy-Festwoche** anlässlich des 150. Geburtstages des Komponisten statt.

Am 23. Februar wird zu Ehren des 200. Todestages des Komponisten in Halle an der Saale feierlich das **Händel-Jahr** eröffnet.

Nach einem Aufruf der Jugendbrigade »Nikolai Mamai«, auf sozialistische Weise zu wirken, finden vom 12. bis 21. Juni einwöchige **Arbeiterfestspiele** im Bezirk Halle statt. Von nun an treffen sich jedes Jahr (ab 1972 alle zwei Jahre) an wechselnden Orten in- und ausländische Berufs- und Volkskünstler der Literatur, Musik und bildenden Kunst sowie vom Theater und präsentieren ihre kulturellen Erzeugnisse und Darbietungen, die Hunderttausende Menschen in der DDR miterleben.

Am 23. März wird am **Berliner Ensemble** erstmals in der DDR Bertolt Brechts *Der aufhaltsame Aufstieg des Arturo Ui* aufgeführt. Regie führt Peter Palitzsch, für die Hauptdarsteller Ekkehard Schall (Ui) und Hilmar Thate (Givola) sollten es mit die wichtigsten Rollen ihrer Karriere werden.

Szene aus *Der aufhaltsame Aufstieg des Arturo Ui*: Ekkehard Schall (r.), Wolf Kaiser (l.) und Hilmar Thate (im Hintergrund)

Geburtstage
1959

Geburtstage
berühmter Persönlichkeiten

Unser Geburtsjahr bringt mitunter Menschen hervor, die es später auf die Bühne der medialen Prominenz bringen. Manche Schauspieler, Sänger und Entertainer begleiten uns in Funk und Fernsehen über mehrere Jahrzehnte. Viele dieser beliebten Persönlichkeiten stehen auch heute noch in der Öffentlichkeit. Mit ihnen werden Erinnerungen wach. Bekannte Politiker, Schriftsteller, bildende Künstler und Sportler erblicken wie wir das Licht der Welt und gestalten die Geschichte mit.

02.01.
Ines Müller
DEUTSCHE LEICHTATHLETIN

07.01.
Friedrich Ani

12.01.
Ralf Moeller

12.01.
Blixa Bargeld

15.01.
Frank Pfütze (†) SCHWIMMER

16.01.
Sade Adu

18.01.
Volkmar Vogel
POLITIKER

21.01.
Oskar Roehler

30.01.
Lutz Hoffmann (†) TURNER

01.02.
Barbara Auer

02.02.
Hella von Sinnen

11.02.
René Müller
FUSSBALLSPIELER
UND -TRAINER

16.02.
John McEnroe

20.02.
Sabine Kaack

09.03.
Giovanni di Lorenzo

18.03.
Luc Besson

25.03.
Petra Zieger
ROCKSÄNGERIN

10.04.
Stanislaw Tillich
POLITIKER

15.04.
Emma Thompson

21.04.
Robert Smith
Gerhard Delling

26.04.
Tom Pauls
SCHAUSPIELER
UND KABARETTIST

03.05.
Andrea Spatzek

04.05.
Inger Nilsson

09.05.
Ulrich Matthes

15.05.
Ronald Pofalla

18.05.
Ranga Yogeshwar

22.05.
Morrissey

29.05.
Rupert Everett

05.06.
Werner Schildhauer
LEICHT-ATHLET

16.06.
Hagen Melzer
LEICHTATHLET

19.06.
Christian Wulff

25.06.
Lutz Dombrowski
LEICHTATHLET

26.06.
Leander Haußmann
REGISSEUR

02.07.
Iris Radisch

07.07. Kerstin Knabe
LEICHTATHLETIN UND OLYMPIONIKIN

09.07.
Jim Kerr

11.07.
Tobias Moretti
Suzanne Vega

16.07.
Gerd Wessig LEICHTATHLET UND OLYMPIONIKE

26.07.
Kevin Spacey

30.07.
Petra Felke SPEERWERFERIN UND OLYMPIONIKIN

14.08.
Earvin »Magic« Johnson

17.08.
Jonathan Franzen

25.08.
Sönke Wortmann

27.08.
Jürgen Becker

01.09.
Simone Ritscher
SCHAUSPIELERIN

12.09.
Sigmar Gabriel

14.09.
Morten Harket

15.10.
Sarah Ferguson

17.10.
Kornelia Kunisch
HANDBALLSPIELERIN

26.10.
Evo Morales

05.11.
Bryan Adams

09.11.
Thomas Quasthoff

11.11.
Katja Flint

18.11.
Ulrich Noethen

04.12.
Christa Luding-Rothenburger
EISSCHNELL-LÄUFERIN UND OLYMPIONIKIN

04.12.
Thomas Putensen
SCHAUSPIELER UND MUSIKER

Dies und das
1959

In der Olduvai-Schlucht in Tansania werden Reste eines uralten Schädels gefunden. Die Primatenart *Paranthropus boisei* gilt als der bislang älteste bekannte Vorfahre des Menschen. Er trägt den Spitznamen **»Nussknackermensch«**.

Der britische Kleinwagen **Mini** kommt auf den Markt.

René Goscinny (Text) und Albert Uderzo (Bild) erschaffen die Comic-Figur **Asterix**. Die erste Folge »Asterix der Gallier« erscheint am 29. Oktober in der Erstausgabe des Jugendmagazins *Pilote*. Asterix gilt heute als erfolgreichste französische Comicserie.

Auf der New Yorker Spielwarenmesse stellt die Firma Mattel die erste **Barbie-Puppe** vor.

In Düsseldorf wird erstmals in Deutschland ein mobiles **Radargerät** zur Geschwindigkeitsmessung eingesetzt.

Der 26-jährige Bäckereiangestellte Werner Schöppner aus Essen erfindet das Brettspiel **Malefiz**. Es wird 1960 von Ravensburger herausgegeben und millionenfach verkauft.

Sport
1959

Sportereignisse
1959

Walter Ulbrichts Losung des Jahres ist wegweisend: »Jedermann an jedem Ort – einmal in der Woche Sport«. Körperliche Ertüchtigung spielt in der DDR von Beginn an eine große Rolle. Turnhallen, Sportplätze und Schwimmbäder stehen den Menschen zahlreich zur Verfügung. Staatlich geförderte Sportgemeinschaften (SG) und Betriebssportgemeinschaften (BSG) erfreuen sich großer Beliebtheit. Die besten Sportler der BSGs dürfen Sportclubs (SC) beitreten, wo sie auf Wettkämpfe vorbereitet und trainiert werden. Begeistert werden Wettbewerbe und öffentliche Sportereignisse verfolgt – entweder live vor Ort, im Radio und immer häufiger auch vor dem Bildschirm.

Skispringen

Bei der 7. Vierschanzentournee in Deutschland und Österreich kann sich **Helmut Recknagel** aus der DDR zum zweiten Mal den Gesamtsieg sichern, obwohl er am 6. Januar beim abschließenden Springen in Bischofshofen den vierten Tagessieg verpasst.

Formel 1

Der Australier Jack Brabham, der erstmals 1955 im **Großen Preis von Großbritannien** bei einem internationalen Wettkampf an den Start ging, wird 1959 zum ersten Mal Formel-1-Weltmeister.

Basketball

Als Forward stellt **Elgin Baylor** für seine Mannschaft Minneapolis Lakers am 8. November einen neuen NBA-Rekord auf. Er erzielt im Spiel gegen die Boston Celtics 64 Punkte.

Fußball

In der elften Saison der **DDR-Oberliga** wird zum dritten Mal in fünf Jahren der SC Wismut Karl-Marx-Stadt Meister. Der Sportclub besiegt am letzten Spieltag Lokomotive Leipzig mit 2:0 und bleibt damit vor seinem Verfolger und Vorjahresmeister Vorwärts Berlin.

In der BRD erlangt **Eintracht Frankfurt** zum ersten und bisher einzigen Mal den Meistertitel.

Zwischen der westdeutschen und ostdeutschen Nationalmanschaft gibt es zwei Begegnungen. Es geht um die Olympia-Qualifikation 1960 in Rom, da man sich nicht auf eine gesamtdeutsche Mannschaft einigen kann und sich diesmal nur ein Team qualifizieren darf. Zur Verärgerung der Fans werden Austragungsort und Anstoßzeit erst am Spieltag bekanntgegeben. Das erste der beiden **»Geisterspiele«** findet am 16. September im Ostberliner Walter-Ulbricht-Stadion statt. Die DDR unterliegt 0:2. Eine Woche später in Düsseldorf geht sie zwar nach einem Handelfmeter in der 14. Minute in Führung, verliert aber 1:2. Ein kleiner Trost: Die bundesdeutsche Nationalmannschaft scheitert am Ende noch in der Qualifikationsrunde an Polen und Finnland …

Boxen

Im Westen wie im Osten Deutschlands beobachten die Menschen den Werdegang des Berliner Boxers Gustav **»Bubi« Scholz**, der sich Ende der 1950er Jahre auf dem Höhepunkt seiner Karriere befindet. 1959 gelingt es ihm dreimal, seinen Europameistertitel im Mittelgewicht zu verteidigen.

Am 26. Juni wird der Schwede Ingemar Johansson (Spitzname »Thors Hammer«) Boxweltmeister im Schwergewicht. Der Titelverteidiger Floyd Patterson aus den USA geht in der dritten Runde siebenmal zu Boden, ehe der Ringrichter den Kampf für beendet erklärt.

Billard

Am 26. Oktober stellt der Ex-Snookerweltmeister Joe Davis seine neue Spielart **Snooker Plus** vor. Seine mehr Spannung für die Zuschauer versprechende Variante wird jedoch kaum gespielt und setzt sich nicht gegen das herkömmliche Snooker durch.

DDR-Radfahrer-Legende Täve Schur mit Lorbeerkranz

Radsport

Gustav-Adolf »Täve« Schur gewinnt mit acht Minuten Vorsprung die Harzrundfahrt (186 km); er verteidigt seinen Amateur-Titel bei den UCI-Straßen-Weltmeisterschaften und wird Gesamtsieger der Internationalen Friedensfahrt Berlin–Prag–Warschau.

III. Turn- und Sportfest in Leipzig

Kurz vor dem zehnten Jahrestag der DDR legt **Walter Ulbricht** seine Jacke ab und turnt mit. Mit der »Sinfonie der Lebensfreude«, wie das Sportfest in Leipzig vom 13. bis 16. August gefeiert wird, und 36 000 Mitwirkenden wird das größte Sportereignis der DDR eröffnet. Mit 117 000 Aktiven ist es das Teilnehmerreichste seiner Art und mit der Eröffnung des Völkerschlachtdenkmals wohl auch das Spektakulärste. 150 000 Sportwimpel gilt es an Boxer, Turner, Ballsportler und Leichtathleten zu verteilen. Die Wettkämpfe werden erstmals auch im Fernsehen übertragen.

Sportler des Jahres

Den Titel Sportler des Jahres in der DDR gewinnen in diesem Jahr Täve Schur, die Sprinterin und Hürdenläuferin **Gisela Birkemeyer** und die Feldhandball-Nationalmannschaft der Männer. Letztere hat in einer gemeinsamen Auswahl mit der westdeutschen Nationalmannschaft bei der Weltmeisterschaft in Österreich vom 13. bis 21. Juni im Finale 14:11 gegen Rumänien gespielt und damit den Titel gewonnen.

Zwischen 1953 und 1961 wird Gisela Birkemeyer ununterbrochen DDR-Meisterin.

Ereignisse 1960-1969

Unser erstes Lebensjahrzehnt

Wir verleben eine unbeschwerte Kindheit und wachsen zu eigenständigen Persönlichkeiten heran. Obwohl wir Zeitzeugen dramatischer weltpolitischer Ereignisse werden, fühlen wir uns sicher in unserem Land. Mit dem Mauerbau spitzt sich der Kalte Krieg weiter zu und die Angst vor einem Atomkrieg lässt unsere Eltern während der Kubakrise erzittern. Dass die nahende Katastrophe erst in letzter Sekunde abgewendet wird und Deutschland künftig auch physisch geteilt ist, bekümmert uns als Kinder noch nicht. Wir meistern sorglos unseren Alltag. Einige Schlagzeilen sind uns jedoch im Gedächtnis geblieben, die zeigen, wie schnell sich unser erstes Lebensjahrzehnt entwickelt.

1960

22.02.

Bei einer Explosion im Steinkohlebergwerk »Karl Marx« in Zwickau werden 123 Bergleute verschüttet. Die Bergungsversuche werden nach sieben Tagen aufgegeben.

21.03.

Fernsehpremiere der Sendung »Der schwarze Kanal«

07.09.

Der Präsident der DDR, Wilhelm Pieck, stirbt. Er war der erste und einzige Inhaber dieses Amtes.

08.09.

Bürger der Bundesrepublik, die die Berliner Sektorengrenze überschreiten, benötigen künftig eine Aufenthaltsgenehmigung. Westberliner sind von dieser Regel ausgenommen.

12.09.
In der DDR wird das Amt des Präsidenten der Republik abgeschafft und dafür ein Staatsrat gebildet, dessen Vorsitzender Walter Ulbricht wird.

1961

15.06.
Walter Ulbricht verkündet auf einer Pressekonferenz: »Niemand hat die Absicht, eine Mauer zu errichten!«

29.07.
Einführung des Haushaltstages für berufstätige Frauen

13.08.
Walter Ulbricht erteilt in der Nacht vom 12. auf den 13. August den Befehl zur Abriegelung der Sektorengrenze in Berlin. Im Einverständnis mit der Sowjetunion wird eine **Mauer** errichtet.

Oktober
In der Aktion »Festigung« werden Tausende Menschen, die als politisch unzuverlässig eingestuft werden, aus dem Sperrgebiet in Grenznähe zwangsausgesiedelt.

1962

24.01.
Einführung einer 18-monatigen Wehrpflicht in der DDR für alle Männer zwischen 18 und 26 Jahren

17.08.
Der 18-jährige Peter Fechter wird beim Fluchtversuch über die Berliner Mauer angeschossen und verblutet. In Westberlin kommt es daraufhin zu Protesten.

Oktober
Die Stationierung sowjetischer Raketen auf Kuba löst die Kubakrise aus. Die USA drohen mit Invasion und verhängen eine Seeblockade. Die Gefahr eines nuklearen Krieges ist so akut wie nie zuvor. Schließlich unterbreitet Chruschtschow ein Friedensangebot, das Kennedy annimmt.

14.12.
Gründung der Handelskette **Intershop**, deren Waren nur mit Devisen, später auch mit Forumschecks gekauft werden können

1963

17.01.
Der sowjetische Staatschef Nikita Chruschtschow besucht Ostberlin.

26.06.
Der US-Präsident John F. Kennedy besucht Westberlin.

01.09.
Aufgrund eines Markenrechtsstreits mit der westdeutschen Lufthansa fusionieren Deutsche Lufthansa der DDR und Interflug zur **Interflug**.

22.10.
Die RGW-Staaten schließen ein Abkommen zur Einführung des Transfer-Rubels als Verrechnungseinheit und zur Gründung der Internationalen Bank für Wirtschaftliche Zusammenarbeit in Moskau.

14.11.
Margot Honecker wird Volksbildungsministerin.

22.11.
Tödliches Attentat auf den US-Präsidenten John F. Kennedy in Dallas.

17.12.
Beschluss des ersten Passierscheinabkommens zwischen der DDR-Regierung und dem Westberliner Senat

1964

11.01.
Aufstellung der letzten gesamtdeutschen Olympiamannschaft

16.–18.05.
Letztes »Deutschlandtreffen der Jugend« in Berlin

09.09.
Beschluss des Ministerrates über eine einmal jährlich zu gewährende Reise in die Bundesrepublik oder nach Westberlin für Rentner

21.09.
Otto Grotewohl stirbt.

14.10.
Chruschtschow (r.) wird abgesetzt. Sein Nachfolger ist Leonid Breschnew (l.).

1965

24.02.
Ulbricht besucht Ägypten und unternimmt damit seinen ersten Staatsbesuch außerhalb der Länder des Warschauer Paktes.

08.10.
Zu den Olympischen Spielen 1968 in Grenoble werden vom Internationalen Olympischen Komitee (IOC) zwei getrennte deutsche Mannschaften zugelassen.

15.–18.12.
Beim 11. Plenum des ZK der SED wird nach scharfer Kritik an unbotmäßigen Künstlern ein strengerer Kurs in der Kulturpolitik beschlossen. Viele Bücher, Theaterstücke, Musikgruppen und Filme werden verboten, u. a. Frank Beyers *Spur der Steine*.

1966

12.01.
Der Minister für Kultur, Hans Bentzien, wird abgesetzt. Sein Nachfolger ist Klaus Gysi.

15.02.
Auf Initiative der FDJ hin kommt es zur Gründung der Singebewegung **Oktoberklub** (Foto mit Sängerin Angelika Mann).

09.05.
Das erste Atomkraftwerk bei Rheinsberg wird in Betrieb genommen.

13.08.
Mit einer Militärparade wird der fünfte Jahrestag des Mauerbaus gefeiert.

1967

20.02.
Mit Verabschiedung des Gesetzes über die »Staatsbürgerschaft der DDR« kommt es zur Schaffung einer expliziten DDR-Staatsbürgerschaft.

19.04.
Der erste Bundeskanzler der BRD, Konrad Adenauer, stirbt 91-jährig.

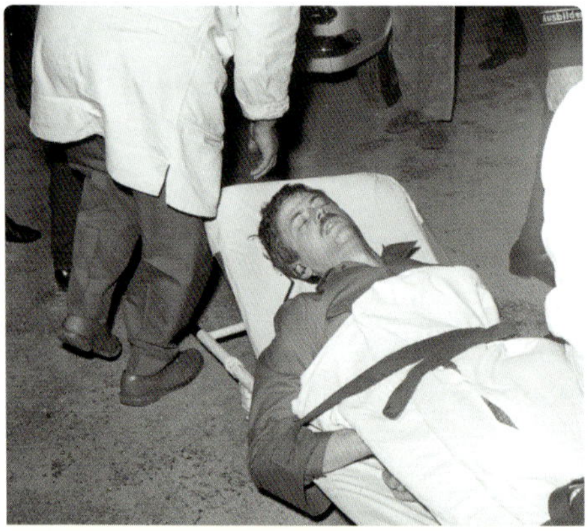

02.06.
In Westberlin wird der Student **Benno Ohnesorg** bei einer Demonstration gegen den Besuch des Schahs von Persien durch einen Schuss in den Hinterkopf von einem Polizisten erschossen.

09.10.
Tod von **Che Guevara**

06.07.
In Langenweddingen bei Magdeburg ereignet sich ein schweres Zugunglück. 94 Menschen sterben, darunter 44 Schulkinder.

01.08.–18.08.
Errichtung der ersten Metallgitterzäune an der Staatsgrenze zur BRD

28.08.
In der DDR wird die 5-Tage-Woche eingeführt.

1968

12.01.
In der DDR wird ein neues Strafgesetzbuch verabschiedet, das eine härtere Bestrafung politischer Delikte vorsieht.

04.04.
Martin Luther King wird in Memphis auf dem Balkon des *Lorraine Motels* erschossen.

09.04.
Inkrafttreten der neuen **Verfassung der DDR**

11.04.
In Westberlin überlebt Studentenführer Rudi Dutschke nur knapp ein Attentat.

11.06.
Einführung der Pass- und Visapflicht zwischen der Bundesrepublik und Westberlin.

20./21.08.
Einmarsch von Truppen des Warschauer Paktes in die ČSSR und Niederschlagung der Reformbewegung »Prager Frühling« der tschechoslowakischen kommunistischen Partei. Einheiten der NVA werden als Reserve in der DDR bereitgehalten.

12.11.
Breschnew verkündet die »Brechnew-Doktrin« – die Rechtfertigung der UdSSR, bei Bedrohung des Sozialismus in Staaten des Ostblocks einzugreifen.

Die Crew der Apollo 8: Frank Borman, James Lovell und William Anders (v. l. n. r.)

21.12.
Die Apollo 8 startet zum ersten bemannten Mondflug. Eine Milliarde Menschen verfolgen am Bildschirm, wie die drei US-Astronauten in der Mondlaufbahn aus der Schöpfungsgeschichte lesen.

22.08.
In Leipzig eröffnet das **Konsument-Warenhaus** nach jahrelangem Ausbau. Es ist das größte Warenhaus der DDR.

1969

01.01.
Beginn des Baus von Wachtürmen aus Beton an der innerdeutschen Grenze

08.05.
Kambodscha nimmt als erstes nichtkommunistisches Land diplomatische Beziehungen zur DDR auf.

28.–30.05.
VI. Schriftstellerkongress in Berlin, auf dem Christa Wolfs Roman *Nachdenken über Christa T.* scharf kritisiert wird

30.07.
Bestätigung des Statuts des Ministeriums für Staatssicherheit durch den Nationalen Verteidigungsrat

03.10.
Mit Ulbrichts Worten »Das 2. Fernsehprogramm ist eröffnet« nimmt das 2. Programm des Deutschen Fernsehfunks DFF2 den Sendebetrieb auf. Zugleich beginnt das Farbzeitalter des DDR-Fernsehens.

21.07.
Der Amerikaner **Neil Armstrong** betritt als erster Mensch den Mond und gewinnt damit das Wettrennen zum Mond gegen die UdSSR. Dabei spricht er den historischen Satz: »Dies ist ein kleiner Schritt für einen Menschen, aber ein riesiger Sprung für die Menschheit.«

07.10.
Der Fernsehturm am Alexanderplatz in Berlin, der bereits am 3. Oktober seinen Sendebetrieb aufgenommen hat, wird für Besucher eröffnet.

15.10.
250 000 Menschen protestieren in Washington gegen den Vietnamkrieg.

28.10.
Bundeskanzler Willy Brandt erklärt Bereitschaft zur Anerkennung der DDR als zweiten deutschen Staat neben der BRD.

08.11.
Der erste deutsche Satellit namens Azur startet in die Erdumlaufbahn.

19.11.
Erstes Puhdys-Konzert in Freiberg

Die Apollo 12 landet auf dem Mond, Pete Conrad betritt nach Neil Armstrong und Buzz Aldrin als dritter Mensch den Mond.

28.11.
Abkommen über visafreien Reiseverkehr zwischen der DDR und der Sowjetunion

17.12. Die DDR unterbreitet Vorschläge zur Normalisierung der Beziehungen mit der Bundesrepublik auf der Grundlage der »friedlichen Koexistenz«. Walter Ulbricht schlägt am 18. Dezember in einem Brief an Bundespräsident **Gustav Heinemann** die Aufnahme gleichberechtigter Beziehungen zwischen der DDR und der BRD vor.

Unsere Kindheit

Wir erleben eine glückliche, unbeschwerte Kindheit mit vielen Freiheiten. Doch wir werden von unseren Eltern auch streng erzogen. Unser Vater ist das Familienoberhaupt und erwartet von uns Respekt. Er arbeitet hart für den Wohlstand der Familie und möchte sich nach Feierabend an den gedeckten Abendbrottisch setzen und anschließend seine Füße hochlegen. Sind wir vorlaut oder aufmüpfig, gibt es schon mal eins hinter die Ohren. Zu Hause gelten klare Regeln, an die wir uns halten müssen. Unsere Eltern haben selbst eine strenge Erziehung genossen und geben das an unsere Generation weiter. Strafen wie Stuben- oder sogar Kellerarrest sind nicht selten.

Unsere Mutter kümmert sich – auch wenn sie berufstätig ist – um den Haushalt, die Kindererziehung und die Verpflegung der Familie. Die Soljanka, Rouladen und Milchnudeln mit Zimt und Zucker kocht Mutti am besten. Dass wir sie im Haushalt, beim Einkauf, bei der Gartenarbeit und bei der Betreuung von unseren jüngeren Geschwistern unterstützen, ist selbstverständlich. Anfang der 1960er Jahre ist die Hausarbeit noch viel beschwerlicher als heute. Nur wenige Familien besitzen zum Beispiel eine Waschmaschine.

Sind unsere Pflichten erfüllt, zieht es uns hinaus auf die Straße, auf die Felder oder in den Wald. Hier können wir unbeaufsichtigt mit Freunden spielen, Buden bauen, auf Bäume klettern und unser Leben genießen. Wir spielen Fangen, Gummihopse oder Verstecken. Puppenwagen, Roller und Fahrräder sind immer mit dabei. Wenn das Mittagessen auf dem Tisch steht, werden wir gerufen, und abends spielen wir, bis es dunkel wird. Am Wochenende haben unsere Eltern meistens etwas mehr Zeit für uns. Dann machen wir zusammen Ausflüge, besuchen Oma und Opa oder spielen Gesellschaftsspiele. Unter der Woche gehen wir in die Kinderkrippe, den Kindergarten und die Schule.

Wenn wir nicht mit unseren Freunden durch Wiesen und Felder streifen, lesen wir viel. Wir verschlingen Kinder- und Märchenbücher wie Gerhard Holtz-Baumerts *Alfons Zitterbacke* oder Benno Pludras *Lütt Matten*. James Krüss, Karl May oder Liselotte Welskopf-Henrich lassen uns in Abenteuer- und Fantasiewelten eintauchen, die wir mit unseren Freunden nachspielen. Die Comic-Reihe *Mosaik* beschert uns monatlich die neuesten Abenteuer der Digedags. Weitere beliebte Kinderzeitschriften sind *Bummi*, *ABC-Zeitung*, FRÖSI oder *Rakete*.

In unseren Kinderzimmern findet sich jede Menge **Spielzeug**. Mädchen werden mit Puppen, Puppenherd und -nähmaschine beschenkt. Sie sind schließlich die Mütter und Hausfrauen von morgen. Die Jungen spielen mit Baukasten, Modellautos, Ritterfiguren oder der Modelleisenbahn. Ein Kaufmannsladen und Stofftiere erfreuen alle Kinder gleichermaßen.

Tierische Helden aus dem Westen

In unserem Geburtsjahr hält der Collie **Lassie** Einzug in die deutsche Fernsehlandschaft und besteht spannende Abenteuer mit seinem zweibeinigen Freund Timmy. Tierfilmserien, nicht nur aus den USA, erleben in den 1960er Jahren einen wahren Boom. Der wilde Mustang **Fury** und der schlaue Delfin **Flipper** fesseln uns gleichermaßen. Aber auch das australische Buschkänguru **Skippy**, die Schimpansin **Judy** und der schielende Löwe **Clarence** der afrikanischen Serie »Daktari« entführen uns in fremde Welten, die so unerreichbar und deshalb so faszinierend für uns sind.

UNSERE LIEBLINGE IM FERNSEHEN

Seitdem unsere Eltern ein Fernsehgerät angeschafft haben, begeistert uns das Kinderprogramm des DDR-Fernsehens. Sendungen wie **»Unser Sandmännchen«** oder der tschechische **»Clown Ferdinand«** sind fester Bestandteil unseres Alltags. In **»Zu Besuch im Märchenland«** erfreut uns Meister Nadelöhr mit seinen Märchen und Liedern, und Professor Flimmrich mit dem weißen Kittel und der Fliege begleiten wir in der **»Flimmerstunde«** dabei, wie er dem Jungen Karli Kurbel neue Kinderfilme, Reportagen oder Dokumentationen aus seinem Filmarchiv zeigt. Weil Fernsehgeräte in der DDR ein halbes Vermögen kosten, wird das Fernsehen – vor allem das in Farbe – zu einem Gemeinschaftsereignis in der Nachbarschaft.

Meister Nadelöhr, gespielt von Eckart Friedrichson, mit seiner Zauber-Elle.

Unsere Schule

Wir werden 1965 oder 1966 eingeschult. An diesem aufregenden Tag stehen wir im Mittelpunkt! Wir bekommen eine Schultüte und feiern mit der ganzen Familie. Wir können es kaum erwarten, Rechnen, Lesen und Schreiben zu lernen. Schon in der ersten Klasse treten wir den Jungen Pionieren bei. Die feierliche Aufnahme findet am »Pioniergeburtstag« am 13. Dezember statt. Wir geben unser Pionierversprechen ab und bekommen das blaue Halstuch verliehen. Nun müssen wir erst einmal lernen, den Pionierknoten zu binden. Am Anfang lassen wir uns noch von älteren Geschwistern oder Klassenkameraden helfen. Zum Unterrichtsbeginn oder beim Fahnenappell heißt es täglich: »Für Frieden und Sozialismus: Seid bereit!«, worauf wir Pioniere mit »Immer bereit!« und dem Pioniergruß antworten. Mit 14 Jahren werden wir Mitglied der Freien Deutschen Jugend (FDJ).

Im Musikunterricht lernen wir viele sozialistische Lieder. Die Texte vom »Kleinen Trompeter« und der »Kleinen weißen Friedenstaube» können wir heute noch auswendig. »Immer lebe die Sonne« oder »Ich trage eine Fahne« klingen noch in unseren Ohren. Die Schülerinnen und Schüler mit den besten Stimmen dürfen dem Schulchor beitreten. An Pioniernachmittagen basteln wir, machen Ausflüge oder gehen ins Kino oder in den Tierpark. Hin und wieder treffen wir auch unsere Patenbrigade. Wir sammeln Altpapier und Glas, das wir in die Schule und anschließend zu einer SERO-Annahmestelle bringen. Das eingenommene Geld spenden wir an sozialistische

Vorbereitungen für die I. Kinder- und Jugendspartakiade bei der BSG Motor Artern in Halle (1966)

Schülerinnen und Schüler im polytechnischen Unterricht im Kraftwerk Lübbenau-Vetschau (um 1965)

Partnerländer oder sparen für die nächste Freizeitaktivität.

Wir gehen an sechs Tagen in der Woche zur Schule. Von Montag bis Freitag werden wir von der Schulspeisung mit einem warmen Mittagessen versorgt. Am Samstag haben wir nur wenige Stunden Unterricht und sind pünktlich zum Mittagessen zu Hause. Sport spielt in unserer Schulzeit eine große Rolle. Die Förderung der Körperkultur sowie des Schul- und Volkssports sind sogar in der DDR-Verfassung verankert. Wir nehmen regelmäßig an Sportwettkämpfen, den Kinder- und Jugendspartakiaden, teil. Sie sollen uns Kinder zu regelmäßiger sportlicher Betätigung motivieren, aber auch die besten Sportler der Republik frühzeitig erkennen lassen.

Die meisten von uns gehen zehn Jahre zur Schule. Ab der 5. Klasse steht Russisch auf dem Lehrplan, ab der 7. Klasse kommt ESP – Einführung in die sozialistische Produktion – hinzu. In PA – Produktive Arbeit – bekommen wir Einblicke in die Betriebe. Doch das Schönste an der Schule sind natürlich die Ferien, vor allem die Sommerferien. Sie sind ganze acht Wochen lang! Wir arbeiten zwar auch auf Kartoffel- oder Getreidefeldern als Erntehelfer mit, doch bleibt noch genügend Zeit für kleinere und größere Unternehmungen.

Unsere Jugend

JUGENDWEIHE

1973 feiern wir unsere Jugendweihe – ein großer Tag für uns. Unter den Augen unserer Eltern und Verwandten werden wir in den Kreis der Erwachsenen aufgenommen. Feierlich wird der Festakt im größten Saal unseres Ortes begangen. Unsere Angehörigen verfolgen stolz das Programm. So schick haben sie uns noch nie gesehen und wir unsere Klassenkammeraden auch nicht. Die Mädchen sind geschminkt, tragen Absatzschuhe und Kleider, die Jungen kommen in Anzug und Krawatte. Erstklässler gratulieren uns auf der Bühne und blicken zu uns auf. Außerdem werden uns eine Urkunde, Blumen und das Buch *Weltall – Erde – Mensch* überreicht. Da wir nun zu den Erwachsenen zählen, siezen uns ab jetzt die Lehrer.

Festakt zur Jugendweihe (1974)

Nach dem offiziellen Teil feiern wir zu Hause mit unserer Familie. Es gibt kalte Platten und zum ersten Mal dürfen auch wir mit Sekt anstoßen. Verwandte und Nachbarn schenken uns in erster Linie Geld, von dem wir uns etwas Langersehntes leisten, etwa ein Radio, Langspielplatten oder sogar ein Mofa. Abends treffen wir uns mit den Schulfreunden und feiern ausgelassen weiter.

JUGENDKULTUR

Wir genießen unsere Jugend in vollen Zügen. Wenn wir uns amüsieren möchten, gehen wir ins Kino und treffen uns mit unseren Freunden auf privaten Feten oder Tanzveranstaltungen. Musik spielt für uns eine große Rolle. Beliebte Musikgruppen unserer Republik sind das Franke-Echo-Quintett, die Sputniks oder Klaus Renft Combo. Das Jugendradio DT 64 sendet unsere Musik. Natürlich hören wir auch gern verpönte Musik aus dem Westen. Zu Liedern von den Rolling Stones, Boney M. oder Suzi Quatro tanzen wir ausgelassen und verlieben uns das erste Mal. Uns an unseren musikalischen Helden und Filmstars der 1970er Jahre orientierend, verändert sich auch unser Äußeres. Wir tragen Schlaghosen und Miniröcke, aber auch lange, wallende Röcke und extrem kurze Hosen. Große Hüte, Plateauschuhe und auffallende Brillen sind in. Wir leben in der Zeit der schrillen Farben und der kunterbunten Farbmixe. Viele Mädchen lassen sich ihre Haare entweder lang wachsen oder auch mal raspelkurz schneiden. Auch junge Männer tragen lange Haare und lassen sich Koteletten, einen Schnauzer oder Bart stehen. Uns amüsiert es, wenn wir bei älteren Mitbürgern anecken, doch dürfen wir uns stilmäßig auch nicht zu weit aus dem Fenster lehnen. Wer zu sehr auffällt, kann sich in der DDR auch schnell Probleme einhandeln.

Die US-amerikanische Rocksängerin Suzi Quatro bei ihrem Auftritt im Palast der Republik 1978

Modisch gekleidete Jugendliche am Berliner Alexanderplatz Mitte der 1970er Jahre

Auch Spielzeug gehört zum Hausrat – eine Familie beim Umzug in ein Neubaugebiet in Lubmin (1980).

Wir als junge Erwachsene

Sobald wir volljährig sind, melden wir uns für ein Auto an, muss man doch auf einen Trabant rund zehn Jahre warten. Immerhin hat man so ausreichend Zeit, um die 10.000 Mark anzusparen, die der Trabi kostet.

Die jungen Männer müssen nach der Schulzeit 18 Monate lang Wehrdienst leisten. Die Zeit bei der NVA ist für viele ein prägender Lebensabschnitt. Zwar bedeutet sie Drill und Ordnung, aber auch viel Spaß und neue Freundschaften, die teilweise ein Leben lang halten.

Wieder zurück im normalen Leben wird meist eine Ausbildung gemacht oder studiert, früh eine Familie gegründet. Dass wir jungen Erwachsenen in der DDR so schnell den Bund fürs Leben schließen, liegt auch daran, dass Ehepaare und Familien bessere Chancen haben, eine der begehrten Neubauwohnungen zu ergattern, die an den Rändern der Städte entstehen. Eheleuten unter 26 Jahren wird ein zinsloser Kredit von 5.000 Mark gewährt, der in kleinen Raten abbezahlt oder mit der Geburt des dritten Kindes vollständig »abgekindert« werden kann. Die gute Infrastruktur in den Neubausiedlungen mit Kinderkrippen, Schulen, Spielplätzen, HO-Läden und Polikliniken bietet Sicherheit und erleichtert die Familienplanung.

Den Sommerurlaub verbringen wir an der Ostsee oder im Harz. Auch eine Campingausrüstung haben die meisten von uns im Keller. Zieht es uns in die Ferne, machen wir Ferien am Balaton, in Sotschi oder an der Schwarzmeerküste. Wir sind 30 Jahre alt, als die Mauer fällt – ein Neuanfang für uns. Heute können wir auf doppelt so viele bewegte, turbulente und schöne Jahre zurückblicken. Darauf können wir stolz sein.

Urlaub im beliebten FDGB-Ferienheim »Herbert Warnke« an der Müritz

Seiten zum Selbstgestalten

Bildnachweis

BArch B 285 Plak-055-070: 13 l.; BArch Bild 183-67143-0010_Ravensbrueck / Zühlsdorf: 13 r.; BArch Bild 183-L1102-405 / Joachim Spremberg: 15 r.; BArch Plak 103-016-011: 23 o.; BArch Bild 183-45365-0002 / Hans-Günter Quaschinsky: 24; BArch Bild 183-63679-0006 / Schmidt: 30 l.; BArch B 285 Plak-041-024 31 l.; BArch Bild 183-B0221-0003-002 / Eva Kemlein: 31 r.; BArch Bild 183-66397-0001 / Wittig: 38; BArch Bild 183-66400-0142 / Zastrom: 41 r. o.; BArch Bild 183-56996-0004 / Wlocka; Wittig: 41 r. u.; BArch Bild 183-G0619-1004-003 / Hubert Link: 44 l.; BArch Plak 100-037-056: 46 l. u.; BArch Plak 100-007-006: 49; BArch Bild 183-G0301-0001-009 / Friedrich Gahlbeck: 51 l.; BArch Plak 100-037-051: 55 l.; BArch Bild 183-D1214-0004-002 / Helmut Schaar 56 l. Brüggemann, Leipzig: 27 picture alliance / ddrbildarchiv.de / Siegfried Bonitz: 4; picture alliance / ddrbildarchiv.de / Manfred Uhlenhut: 6; picture alliance / ZB / Hubert Link: 8; picture alliance / Tass-Fotochronika: 9; picture alliance / dpa / Archiv Berliner Verlag: 10, 18 u., 19, 21 r., 56 r., 57; picture alliance / dpa / Herold: 12; picture alliance / dpa / UPPA B210: 15 l.; picture alliance / dpa / Rohwedder: 16 l.; picture alliance / dpa / NASA: 16 r.; picture alliance / United Archives / TopFoto: 17 l.; picture alliance / Bahram Sharohk: 17 r.; picture alliance / akg-images: 18 o., 20 o., 30 u., 46 l. o.; picture alliance / dpa-ZB: 20 u., 41 l.; picture alliance / Brigitte Hengstermann: 21 l.; picture alliance / akg-images / Günter Rubitzsch: 22; picture alliance / PictureLux / The Hollywood Archive: 23 u., 29 r.; picture alliance / arkivi: 28; picture alliance / ZB / Thomas Uhlemann: 29 l.; picture alliance / dpa / ADN: 30 r. o.; picture alliance / ZB / Manfred Krause: 32; picture alliance / dpa / Klaus Franke: 34 l.; picture alliance / ZB / Thomas Schütze:34 r.; picture alliance / ZB / Hanns-Peter Beyer: 35 l.; picture alliance / picturedesk.com / Robert Neuwald: 35 r.; picture alliance / dpa / Jörg Carstensen: 36 l.; picture alliance / ZB / Klaus Schlage: 36 r.; picture alliance / The Advertising Archives: 37 l.; picture alliance / AP Photo: 37 r., 49 r. o., 50 u.; picture alliance / ZB / Hanns-Beyer: 39; picture alliance / dpa: 40; picture alliance / ddrbildarchiv.de / Klaus Morgenstern: 42, 49 r. o., 58 r.; picture alliance / ASSOCIATED PRESS: 44 r.; picture alliance / dpa / DB Schultz: 45 l.; picture alliance / ZB / Manfred Uhlenhut: 45 r.; picture alliance / IMAGNO / Votava: 46 r.; picture alliance / ZB / Klaus Winkler: 4; picture alliance / dpa / Joachim Barfknecht: 48 l.; picture alliance / United Archives / TopFoto: 48 r.; picture alliance / ZB / Ernst-Ludwig Bach: 51 l.; 2394507 picture alliance / dpa / Horst Ossinger: 51 r.; picture alliance / Oscar Poss: 52; picture alliance / ZB / Stefan Sauer: 53 l.; picture alliance / Everett Collection: 53 l.; picture alliance / ZB / Peter Heinz Junge: 55 r.; picture alliance / ZB / Günter Gueffroy: 58 l.; picture alliance / ZB / Eberhard Klöppel: 59 l.; picture alliance / ZB / Benno Bartocha: 59 r.

ISBN 978-3-95958-168-4

1. Auflage

Text- und Bildredaktion: Christine Szyska
Umschlaggestaltung: Buchgut, Berlin
unter Verwendung je eines Motivs von picture alliance / ZB / Archiv Berliner Verlag (Vordergrund) und ullsteinbild – Leber (Hintergrund)
Innengestaltung: fuxbux, Berlin
Druck und Bindung: Graspo CZ

SUPERillu

In Kooperation mit der SUPERillu
www.superillu-shop.de